Deutsch mit Olli 2

Lesebuch

Arbeitsheft

BASIS | PLUS

erarbeitet von
Simone Eutebach, Sylvia Gredig,
Carola Haut-Grzonkowski, Andrea Sperr

mit Illustrationen von
Adja Schwietring, Petra Eimer

Cornelsen

Inhaltsverzeichnis

BASIS PLUS

Vornamen-ABC

1 Lesebuch Seite 7 Lies das **Vornamen-ABC**.

2 Wer macht was? Trage den richtigen Namen ein.
Schreibe die Zeile dahinter.

Wer isst lieber Schokolade?	Lars	Zeile	12
Wer glaubt an Gespenster?		Zeile	
Wer holt die Leiter?		Zeile	

3 Welcher Name steht davor, welcher Name kommt danach?
Lies im Gedicht nach und schreibe die Namen auf.

Doris	Eva	
	Kurt	

4 An welcher Stelle im **Vornamen-ABC** stehst du?
Schreibe den Satz mit deinem Namen auf.

Schreibe die Buchstaben deines Namens untereinander.
Schreibe dazu Wörter, die zu dir passen.

Oberschlau
Lustig
Lieb
Immer fröhlich!

Das tut manchmal weh / Der Buchstabe Z

1 Lesebuch Seite 8 Lies das Gedicht von Frantz Wittkamp.

2 Was reimt sich auf T? Kreuze an.

☐ nah ☐ weh ☐ wie

3 Wie viele Buchstaben hat das ABC? Schreibe auf. ☐

4 Welche Buchstaben könnten sich noch mehr beklagen als das T?
Schreibe sie auf.

5 Lesebuch Seite 8 Lies das Gedicht **Der Buchstabe Z**.

6 Kreuze alle Reimwörter an.

Alphabet

☐ sitzt ☒ steht ☒ geht

Herz

☐ Schmerz ☐ Holz ☐ Nerz

Kuchen

☐ suchen ☐ finden ☐ lachen

Katzen

☐ Tinte ☐ Tatzen ☐ Tiger

Z

☐ fett ☐ Bett ☐ nett

Elefanten rückwärtszählen / Akrobat

1 Zeichne die Silbenbögen ein.

Rüsselschluck Elefantenrüsselkuss

2 Lesebuch Seite 10 Lies den Abzählreim **Elefanten rückwärtszählen.**
Sprich dabei leise oder lass dir den Reim vorlesen.
Zeige dabei mit den Fingern die Anzahl der Elefanten.

3 Lesebuch Seite 10 Lies das Gedicht **Akrobat.**

4 Welche drei Wörter reimen sich in dem Gedicht? Schreibe auf.

5 Kreuze die richtigen Antworten an.

Was ist ein Akrobat?

☐ ein Turner ☐ ein Gewichtheber ☐ ein Clown

Was ist ein Rindvieh?

☐ ein Schwein ☐ eine Kuh ☐ ein Pferd

Welches Bild passt?

☐ 

☐ 

6 Wieso wäre das Rindvieh gern ein Flamingo? Schreibe auf.

Regenpferd und Seewurm / Das Dachschwein / Peng!

1 Lest die Überschrift **Regenpferd und Seewurm**.
Was fällt euch auf? Sprecht darüber.

2 Lesebuch Seite 11 Lies das Gedicht **Regenpferd und Seewurm**.

3 Setze die Tiernamen richtig zusammen. Verbinde die Wörter.
Schreibe die Tiere mit ihrem Artikel auf.

Nil	Fink	
Hai	Pferd	das Nilpferd
Buch	Tier	
Gürtel	Fisch	

4 Erfinde eigene Quatschtiere. Schreibe auf.

5 Lesebuch Seite 11 Lest das Gedicht **Das Dachschwein** mit verteilten Rollen.
Ein Kind liest die grünen Sätze, das andere Kind liest die schwarzen Sätze.

6 Lesebuch Seite 11 Lies das Gedicht **Peng!**

7 Wie kam das Nashorn auf den Baum?
Notiere deine Ideen in Stichworten.
Schreibe dann eine Geschichte.

Die Vogelscheuche

1 Lies die Satztreppen.

Die Vogelscheuche
Die Vogelscheuche steht
Die Vogelscheuche steht immer
Die Vogelscheuche steht immer still.

Die Raben
Die Raben fürchten
Die Raben fürchten sich
Die Raben fürchten sich nicht.

2 Lesebuch Seite 12 Lies das Gedicht.

3 Suche zu jedem Wort das Reimwort.
Schreibe dazu, in welchen Zeilen du die Wörter gefunden hast.

krah — Zeile 1
da — Zeile 2

nicht — Zeile 3
Brillengesicht — Zeile

genau — Zeile
_____ — Zeile

gehen — Zeile
_____ — Zeile

Stock — Zeile
_____ — Zeile

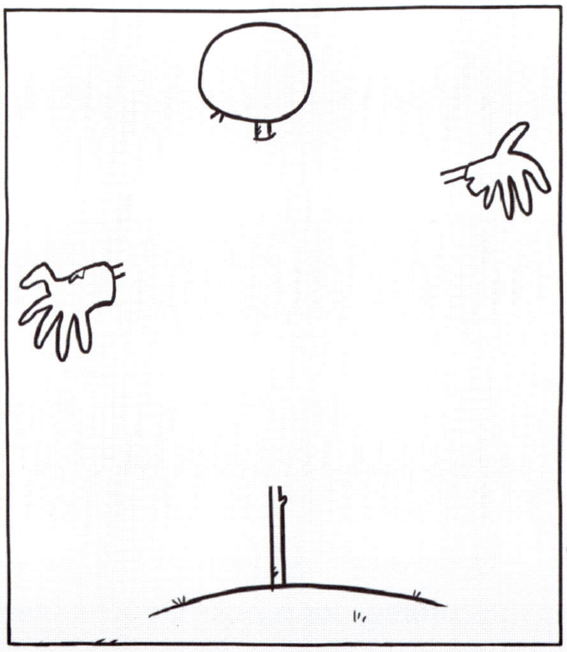

4 Male eine Vogelscheuche, die die Raben erschrecken kann.

Nebel / Am Fenster

1 Lies die Wörter.

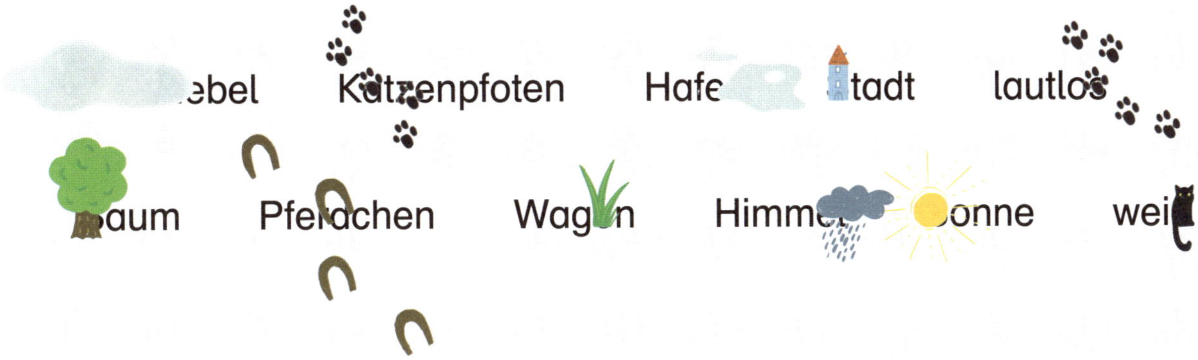

2 Lesebuch Seite 13 Lies das Gedicht **Nebel**.

3 Trenne die Wörter durch Striche. Schreibe den Satz auf.

Der|NebellässtsichniederundschautüberHafenundStadt.

4 Lesebuch Seite 13 Lies das Gedicht **Am Fenster** oder lass es dir vorlesen.

5 Kreuze die richtigen Antworten an.

Welche Farbe hat der Nebel?

☐ schwarz ☐ dunkelblau ☐ grau ☐ weiß

Was verschluckt der Nebel?

☐ Hafen und Stadt ☐ Pferdchen ☐ Vogel ☐ Sonne

6 Sieh aus dem Fenster und schreibe auf, was der Nebel verschlucken kann.

Stern

1 Lies die Wörter. Schreibe sie daneben auf.

Schnee

Schneeflöckchen

Schneeflöckchenstern

2 Lesebuch Seite 14 Lies das Gedicht **Stern**.

3 Beantworte die **W**-Fragen.
Setze die Silben richtig zusammen und schreibe auf.

Welches Fest ist bald?

(ten – Weih – nach)

Was wünscht sich der Stern?

(schrank – Eis)

4 Finde die beiden Reimpaare im Gedicht.
Schreibe das Reimwort darunter.

Schneeflöckchenstern leis

5 Was kann sich das Schneesternchen noch wünschen, damit es nicht schmilzt? Gestalte einen Wunschzettel.

Schreibe das Gedicht in schöner Schrift auf.
Male dazu. Verschenke dein Gedicht.

Tannengeflüster

1 Lesebuch Seite 15 Lies das Gedicht.

2 Das Gedicht hat vier Strophen. Schreibe die Zeilen auf.

1. Strophe: Zeile 1 bis 6
2. Strophe: Zeile ____ bis ____
3. Strophe: Zeile ____ bis ____
4. Strophe: Zeile ____ bis ____

3 Suche in dem Gedicht zwei Reimpaare, die dir besonders gut gefallen.
Schreibe sie untereinander auf.

____________________ ____________________

____________________ ____________________

4 Lies das Gedicht jemandem vor. Übe vorher.

Suche dir eine Strophe aus.
Schreibe sie in dein Heft.
Lerne sie auswendig:

1) Lies jede Zeile mehrmals.
2) Sprich die Zeile leise vor dich hin.
3) Stell dir genau vor, wie es in dem Wald aussieht.
4) Decke die Zeile ab und sprich sie auswendig.
5) Übe so die Zeilen nacheinander, bis du alle auswendig kannst.

Was der Regenwurm nachts macht

1 Lesebuch Seite 16 Lies die Überschrift und betrachte die Form des Gedichts.
Was fällt dir auf? Schreibe auf.

____

____

2 Lesebuch Seite 16 Lies das Gedicht.

3 Kreuze die beiden richtigen Aussagen an.

- ☐ Fast alle Wörter sind kleingeschrieben.
- ☐ Es gibt keine Punkte.
- ☐ Alle Wörter sind großgeschrieben.
- ☐ Es gibt viele lange Sätze.

4 Bringe die Sätze in die richtige Reihenfolge. Nummeriere.

- ☐ Der Regenwurm dreht sich.
- ☐ Die Fledermaus frisst den Regenwurm.
- ☐ Es regnet.
- ☐ Der Regenwurm ringelt sich aus der Erde.

5 Finde den WURM im TURM.
Finde die DECKE in der SCHNECKE.
Markiere.

Regen

1 Welches Wort passt nicht zu den anderen?
Streiche in jeder Zeile das falsche Wort durch.

trommeln	klopfen	prasseln	scheinen
Gewitter	Rasen	Regen	Schauer
Teller	Eimer	Bottich	Kübel

2 Lesebuch Seite 16 Lies das Gedicht.

3 Welches Bild passt zur Strophe 1? Welches Bild passt zur Strophe 2?
Schreibe die richtige Nummer zum Bild.

☐ 

☐ 

4 Schreibe die Wörter passend unter die Bilder von 3.

heftig sanft leise laut

5 Wie hast du den Regen schon einmal erlebt? Schreibe auf.

Das ist das Zeichen für Regen auf Chinesisch:
Sammle Wörter für Regen in anderen Sprachen.

雨

Rätsel

1 Lesebuch Seite 17 Lies das Rätsel.

2 Schreibe die Antworten zu den **W**-Fragen auf.

Wo ist das Bett?

Was macht man in dem Bett?

3 Welches Bett ist gemeint? Setze die Silben zusammen.

ge mat Hän te

4 Suche die beiden Reimpaare in dem Gedicht.
Schreibe die Reimwörter untereinander.

5 Welches Nomen wird gesucht? Schreibe es in die Mitte.

Kugel

kalt

süß

lecken

Erfinde ein eigenes Rätsel. Suche dir ein Nomen aus.
Finde vier Wörter, die dein Wort beschreiben.

Die Idee

Eine Zeile in einem Gedicht heißt Vers. Mehrere Verse bilden eine Strophe.

1 Lesebuch Seite 17 Lies das Gedicht.

2 Wie viele Verse hat das Gedicht? Wie viele Strophen hat das Gedicht? Zähle und schreibe auf.

Verse: ______ Strophen: ______

3 Richtig oder falsch? Kreise den Buchstaben ein.

	richtig	falsch
Es regnet.	N	(W)
Die Sonne scheint.	A	E
Vater und Kind sind im Garten.	S	D
Der Vater sitzt im Liegestuhl.	L	E
Der Vater liegt in der Hängematte.	R	T
Das Kind hat eine Idee.	S	C
Der Vater hört Musik.	F	C
Das Kind sieht den Wasserschlauch.	H	J
Das Kind spritzt den Vater nass.	A	I
Das Wasser ist warm.	T	H

Ergänze das Lösungswort:

			S						L		C		T

4 Teilt die Strophen auf und lest abwechselnd vor.

Das habe ich gelernt

In deinem Lesebuch hast du viele Gedichte kennengelernt.

Kreuze an, was zutrifft.

- ☐ Ich habe verschiedene Gedichte gelesen.
- ☐ Ich habe ein Gedicht laut vorgetragen.
- ☐ Ich kann ein Gedicht auswendig aufsagen.
- ☐ Ich weiß, was ein Reim ist.
- ☐ Ich habe Reimwörter in einem Gedicht gefunden.
- ☐ Ich weiß, was eine Strophe ist.

Schreibe auf, welches Gedicht aus dem Lesebuch dir besonders gut gefallen hat.
Schreibe dazu, auf welcher Seite es steht.

Seite

Kennst du noch ein anderes Gedicht, das nicht im Lesebuch steht?
Schreibe das Gedicht in schöner Schrift auf und gestalte es.

Mein Gedicht

Streit um Nessi

1 Lies die Wörter. Zeichne die Silbenbögen ein.

Schulhof   Holzgerüst   Streitschlichter

2 Lesebuch Seite 21 Lies die Geschichte.

3 Was stimmt? Verbinde die Satzhälften passend. Schreibe sie auf.

Nessie	wollen auch schaukeln.
Janne und Emin	schlichten Streit.
Ella und Toni	ist eine Nestschaukel.
Oskar und Luise	sind die Schnellsten.

4 Wer hat recht? Kreuze an und begründe.

☐ Janne: *Wir waren zuerst da, deswegen gehört Nessi uns!*

☐ Toni: *Jeder darf auf Nessi schaukeln!*

5 Die Kinder halten Klassenrat. Wie können sie den Streit lösen? Sammelt Ideen und stellt sie der Klasse vor.

Jeder darf seine Meinung sagen.

Wir hören einander zu.

Wir lassen uns ausreden.

Wir suchen gemeinsam nach einer Lösung.

Welche Klassenregeln habt ihr?

Warum ich zu spät gekommen bin

1 Lies die Wörter. Zeichne die Silbenbögen ein.

Riesenameisen   Bushaltestelle   Zeitmaschine

2 Lesebuch Seite 22/23 Lies die Geschichte.

3 Wen trifft das Kind auf dem Schulweg? Setze die Wörter ein.
Schreibe auf, in welcher Zeile du sie gefunden hast.

Ninjas   Ameisen   Maulwürfe   Mädchen

riesige ______ Zeile: ____

gemeine ______ Zeile: ____

unheimliche ______ Zeile: ____

kleines ______ Zeile: ____

4 Streiche die falschen Wörter durch.

Ich habe mir bei den Nachbarn ~~Nudeln~~ / Brot geliehen.
Ich musste schnell auf mein Fahrrad / Skateboard springen.
Auf einmal bin ich im Fluss / Teich gelandet.
Ein Elefant / Schwein hat mit seinem Rüssel
nach mir gegrapscht. Ich benutzte
die Zeitmaschine / Kaffeemaschine meines Onkels.

5 Denke dir aus, warum du zu spät gekommen bist.
Schreibe deine Idee auf.
Oder schreibe eine ganze Geschichte.

Mit Papa im Zoo

1 Setze die Tiernamen richtig zusammen. Schreibe sie auf.

le ~~Cha~~ mä on — Cha

te krö Schild

Sta schwein chel

2 Setze passend zusammen und schreibe auf.

~~aus-~~ aus- ent- er- nach- ver- ver- ver-

-lieren -schrecken ~~-büxen~~ -denken -folgen -äffen -decken -gessen

ausbüxen,

3 Lesebuch Seite 25 Lies die Geschichte.

4 Wer macht was im Zoo? Unterstreiche die richtige Person.

Grimassen schneiden	Sohn	Papa
Schildkröten erschrecken	Sohn	Papa
Eis ablehnen	Sohn	Papa
Hut verlieren	Sohn	Papa
laut lachen	Sohn	Papa

5 Wie fühlt sich der Sohn nach dem Zoobesuch? Ergänze den Satz.
Er ist völlig fertig, weil …

Der erste Auftrag

1 Lesebuch Seite 26/27 Lies die Geschichte.

2 Bilde richtige Sätze. Schreibe sie auf.

	mag	Wurst.	Obst.
T. R.	ist	groß.	klein.
	badet	gern.	nicht gern.

3 Welche Überschrift passt zu welchem Abschnitt? Verbinde.

Zeile 5–30	Der zweite Auftrag
Zeile 31–38	Die Überraschung
Zeile 39–44	Herr Fossil ist zufrieden
Zeile 45–58	Ein Bad für T. R.

4 Welches Haustier bekommt Minus?

Es heißt ______ und ist ein ______.

5 Was erleben Minus und sein Haustier? Schreibe eine Geschichte.

Wofür könnte die Abkürzung T. R. stehen? Schreibe auf.

______

Der rote Mantel

1 Lies die Wörter und Sätze.

rote Decke
rote geteilte Decke
rote geteilte geschenkte Decke

Die geteilte Decke
Die geteilte Decke wärmt
Die geteilte Decke wärmt Amir.

2 Lesebuch Seite 29 Suche die Wörter in der Geschichte.
Schreibe auf, wie oft du sie gefunden hast.

und 5 der ☐ Er/er ☐ in ☐

3 Lesebuch Seite 29 Lies die Geschichte.

4 Nummeriere die Sätze in der richtigen Reihenfolge.
Schreibe sie in der richtigen Reihenfolge auf.

☐ Der Mann teilt seine Decke mit einem Messer.

1 Amir kommt in einer fremden Stadt an.

☐ Ein Mann sieht, dass Amir friert.

☐ Amir ist kalt.

☐ Der Mann schenkt Amir die Hälfte seiner roten Decke.

5 Warum würde die Frau den Mann Martin nennen? Schreibe auf.
Tipp: Du kannst auch Informationen im Internet finden. Gib die Wörter Martin und Mantel in eine Kindersuchmaschine ein.

Am Tag, als Saída zu uns kam

1 Lesebuch Seite 30/31 Suche die Antworten auf die **W**-Fragen im Text. Ergänze die fehlenden Buchstaben.

Wer kommt? Zeile 1: das Mädchen _ _ í _ _

Woher kommt sie? Zeile 10: aus _ _ _ _ k k _

Was muss das Mädchen lernen? Zeile 15: neue _ ö _ _ _ _

Was ist zu hören? Zeile 27: Saídas _ _ c h _ _

2 Lesebuch Seite 30/31 Lies die Geschichte.

3 Richtig oder falsch? Kreuze an.

	richtig	falsch
Saída ist neu in einem fremden Land.	☐	☐
Saída spricht Italienisch.	☐	☐
Saída spricht Arabisch.	☐	☐
Die Mädchen mögen sich nicht.	☐	☐
Die Mädchen bringen sich ihre Sprachen bei.	☐	☐
Das Wörterlernen macht den Mädchen Spaß.	☐	☐

4 Welche Wörter würdest du einem Kind in deiner Sprache beibringen? Schreibe Wörter auf.

Schreibe ein arabisches Wort aus dem Lesebuch ab.

Matze tanzt ein Tor

1 Lies die Wörter.

Fuß	Tanz
Fußball	Balletttanz
Fußballspiel	Balletttanztrikot
Ballspiel	Tanztrikot
Spiel	Trikot

2 Lesebuch Seite 34 Lies die Überschrift und betrachte das Bild.
Worum geht es in der Geschichte? Schreibe deine Vermutung auf.

3 Lesebuch Seite 34 Lies die Geschichte.

4 Beantworte die **Was**-Fragen. Kreuze an.

Was mag Matze gern?

☐ Fußball ☐ Handball ☐ Ballett

Was spielen die anderen Jungen?

☐ Handball ☐ Fußball ☐ Basketball

Was passiert Ole?

☐ Er ist verletzt. ☐ Er muss aufs Klo. ☐ Er muss auf der Bank sitzen.

Was macht Matze?

☐ Er tanzt Ballett. ☐ Er pfeift das Spiel ab. ☐ Er schießt ein Tor.

5 Was macht ihr gern? Legt eine Strichliste für eure Klasse an.

Sportart	Anzahl der Striche

Das kaputte Internet

1 Lesebuch Seite 35 Lies die Geschichte.

2 Beantworte die **W**-Fragen. Setze die Antworten aus den Silben zusammen und schreibe auf.

Pa	ma	~~Ra~~	O	Mu	~~di~~	~~o~~	pa	Ma	sik	ma

Woher weiß die Familie, dass das Internet kaputt ist? Radio

Wer hat das Internet kaputt gemacht? ____________

Wer kommt früher von der Arbeit nach Hause? ____________ und ____________

Was machen alle zusammen? ____________

3 Lies die Sätze. Füge das fehlende Wort mit den Augen ein.

Das Internet ist 👁.	kaputt
Mama kommt 👁 von der Arbeit.	früher
Luisa 👁 die Musik.	vermisst
Max trommelt auf der 👁.	Mülltonne
Papa holt 👁 E-Gitarre.	seine
Alle 👁 zusammen.	singen

4 Schreibe die vollständigen Sätze von **3** ab.

5 Überlegt, was passiert, wenn das Internet nicht mehr funktioniert.

Mathildas Monster

1 Wie stellst du dir ein Monster vor? Markiere alle Wörter blau, die zu einem Monster passen.

leise	groß	klein	kalt	gruselig
lieb	stark	haarig	laut	gefährlich
glibberig	schüchtern	gestreift	böse	

2 Lesebuch Seite 37 Lies die Geschichte und betrachte das Bild.

3 Verbinde die Satzhälften passend. Schreibe sie auf.

Viele Kinder	weil das Monster nicht kommt.
Mathilda glaubt,	dass ihr Monster sie bald findet.
Mathilda ärgert sich,	kommt das Monster.
Sie sucht	haben bereits ein eigenes Monster.
Als Mathilda stillsteht und ruft,	das Monster überall.

4 Wie könnte Mathildas Monster sein?
Finde passende Wörter im Wörterkasten von Aufgabe 1 und umkreise sie grün.

Was erleben Mathilda und ihr Monster gemeinsam?
Erzählt euch gegenseitig.

Die Mutprobe

1 Verbinde die Worthälften. Schreibe die Wörter mit ihrem Artikel auf.

Fried	-hase	
Mut	-hof	der
Angst	-stück	
Kunst	-probe	

2 Lesebuch Seite 38/39 Lies die Geschichte.

3 Nummeriere die Sätze in der richtigen Reihenfolge.

☐ Konrad staunt, als Zombert Kunststücke vorführt. D

☐ „Ein Zombie!“, denkt Konrad ängstlich. N

☐ Konrad muss eine Mutprobe bestehen. F

☐ Langsam öffnet sich die Gruft. R

Trage die Lösungsbuchstaben in der richtigen Reihenfolge ein.

Zombert wird Konrads neuer ☐ ☐ E U ☐ ☐.

4 Wieso heißt der Junge „Zombert“? Wo stehen die Hinweise?

Zeile: ______ ______ + ______ = ZOMBERT

5 Was können Konrad und Zombert gemeinsam erleben?
Schreibe eine Geschichte und male dazu.

Das habe ich gelernt

In deinem Lesebuch hast du viele Geschichten gelesen.

Kreuze an, was zutrifft.

- [ ] Ich habe eine Geschichte über ein Haustier gelesen.
- [ ] Ich habe eine Geschichte über Freundschaft gelesen.
- [ ] Ich habe eine verrückte Geschichte gelesen.
- [ ] Ich habe mir ein Buch zum Lesen ausgesucht.

Welche Geschichte hat dir besonders gut gefallen?
Schreibe den Titel der Geschichte auf.

Schreibe auf, wer die Geschichte geschrieben hat.
Tipp: Unter dem Text im Lesebuch steht der Name der Autorin oder des Autors.

Welche Geschichten liest du gerne? Kreuze an.

- [ ] spannende Geschichten
- [ ] Geschichten über Freundschaft
- [ ] gruselige Geschichten
- [ ] lustige Geschichten

Hast du ein Lieblingsbuch mit einer tollen Geschichte zu Hause?
Bringe das Buch mit in die Schule und stelle es vor.

Schreibe eine Geschichte von Mathilda und ihrem Monster.

Tipp: Eine Geschichte hat einen Anfang, eine Mitte und einen Schluss.

Mathilda freut sich, dass sie endlich ihr eigenes Monster hat.

Beş taş: Fünf Steine

1 Lesebuch Seite 43 Lies die Spielanleitung.

2 Kreuze die richtigen Antworten an.

Wie viele Steine werden in die Luft geworfen?

- [ ] Es wird kein Stein in die Luft geworfen.
- [ ] Es wird ein Stein in die Luft geworfen.
- [ ] Es werden zwei Steine in die Luft geworfen.

Wie spielt ihr das Spiel?

- [ ] Wir stehen.
- [ ] Wir sitzen am Tisch.
- [ ] Wir sitzen auf dem Boden.

Was passiert, wenn ein Kind den Wurfstein nicht fangen kann?

- [ ] Das nächste Kind ist an der Reihe.
- [ ] Das Spiel wird beendet.

3 Setze das richtige Wort ein: **mehr** oder **weniger**?

Während der Wurfstein in der Luft ist, werden von Runde zu Runde

immer ______ Steine vom Boden aufgehoben.

4 Worauf kommt es bei dem Spiel besonders an? Kreise zwei Nomen ein.

Kraft   Schnelligkeit   Mut   Geduld   Geschicklichkeit   Klugheit

Wie heißt „fünf" in anderen Sprachen?

?

beş   arabisch   five   englisch   ?

türkisch   spanisch   französisch   ?

Feste feiern

1 Welche Feste feierst du? Schreibe auf.

2 Lesebuch Seite 44/45 Lies den Text oder lass ihn dir vorlesen.

3 Warum feiern wir Feste? Setze die Buchstaben in die Sätze ein.

~~F~~ K G F Sp L

Viele [F] este erinnern an die [ ] eschichte eines [ ] andes

oder sie erinnern an seine [ ] ultur.

Und wir feiern [ ] este, weil es [ ] aß macht.

4 Wo und wie werden diese Feste gefeiert? Verbinde.

Was?	Wo?	Wie?
Holi	Brasilien	in Orange
Songkran	Niederlande	lustig und nass
Koningsdag	Indien	glitzernd und laut
carnaval do Rio	Thailand	bunt und fröhlich

5 Finde mehr zu einem Fest heraus.
Nutze eine Kindersuchmaschine oder schlage in einem Lexikon nach.
Präsentiere deine Ergebnisse.

Eier-Pfannkuchen

1 Lesebuch Seite 47 Lies das Rezept.

2 Wozu findest du Angaben im Rezept?
Kreuze alle richtigen Antworten an.

- ☐ Zutaten
- ☐ Geschäfte
- ☐ Helfer
- ☐ Kosten
- ☐ Zubereitung
- ☐ Küchengeräte

3 Wie viel von den Zutaten brauchst du jeweils? Verbinde.

Mehl | Eier | Milch | Mineralwasser | Öl

300 ml | 250 g | 2 EL | 4 | 50 ml

4 Welche Küchengeräte benötigst du? Kreise ein.

5 Beschreibe deinen besonders leckeren Spezial-Eier-Pfannkuchen.

Allesfresser

1 Lesebuch Seite 48/49 Lies den Text.

2 Finde das passende Satzende. Kreise den richtigen Buchstaben ein.

Unsere Vorfahren waren

A Bäcker. **B** Förster. **F** Jäger.

Die Steinzeitmenschen sammelten

EI Bürsten. **EU** Beeren. **AU** Bären.

Früher haben die Menschen viele Lebensmittel

U weggeworfen. **E** selbst gemacht. **I** angemalt.

Heute kaufen viele Menschen ihr Essen fertig abgepackt

R im Laden. **P** im Restaurant. **S** auf dem Bauernhof.

Ergänze den Lösungssatz:

Das ____ ____ ____ ____ veränderte das Leben der Steinzeitmenschen.

3 Eine Aussage ist falsch. Streiche die Sprechblase durch.

Die Zwerg-Fledermaus

1 Was weißt du schon über Fledermäuse? Schreibe auf.

2 Lesebuch Seite 51 Lies den Text.

3 Wann suchen Fledermäuse ihre Nahrung? Kreuze das richtige Bild an.

☐

☐

4 Wie findet eine Fledermaus Nahrung? Beschrifte das Bild. Erkläre.

Echo | Ultraschall-Schreie

Das stößt die Fledermaus aus.

Das kommt zurück.

5 Was weißt du jetzt? Was hast du Neues erfahren?
Gestalte ein schönes Blatt zum Thema Fledermäuse.

Der eine schläft, der andere ist wach

1 Schreibe die Namen zu den Bildern.

die Waldmaus | die Kohlmeise | die Mücke | der Fuchs

2 Lesebuch Seite 52 Suche die Wörter im Text. Schreibe auf, wie oft du sie gefunden hast.

Die/die 9 und ☐ ihr ☐ sie ☐

3 Lesebuch Seite 52 Lies den Text.

4 Kreise die Nachttiere von 1 ein.

5 Warum sieht man in der Abenddämmerung die meisten Tiere? Erkläre.

Steckbrief: Kohlmeise

1 Lesebuch Seite 53 Lies den Steckbrief.

2 Schreibe einen Steckbrief über das Rotkehlchen.
Du kannst auch in einem Tierlexikon nachschlagen.

Der Kreislauf des Lebens

1 Lesebuch Seite 55 Lies die Überschrift und sieh dir das Bild an.
Worum geht es in dem Text? Schreibe auf.

2 Lesebuch Seite 55 Lies den Text.

3 Richtig oder falsch? Kreuze an.

	richtig	falsch
Aus Samen werden Bäume.	☐	☐
Aus großen Bäumen fallen kleine Bäume.	☐	☐
Die Wurzeln wachsen nach oben zum Licht.	☐	☐

4 Aus dem Trieb wird ein Stamm.
Was sprießt daraus?
Schreibe die Antwort auf und male dazu.

5 Warum ist das Leben
ein Kreislauf? Erklärt.

Experiment: blauer Sellerie

1 Lesebuch Seite 56 Lies die Anleitung.

2 Das gefärbte Wasser steigt in der Selleriestange
nach oben. Male die Röhren, über die
die Selleriestange das Wasser eingesaugt hat, blau an.

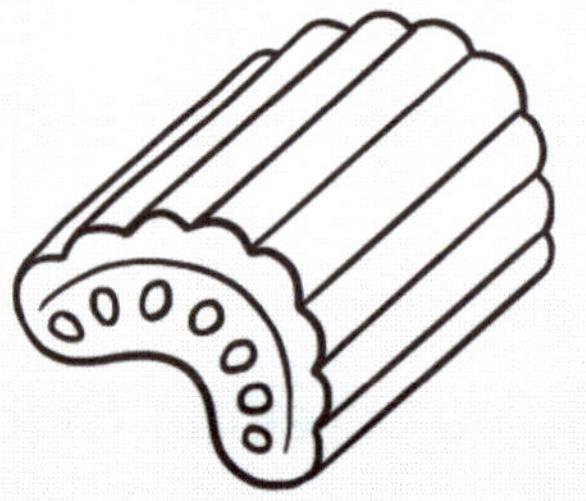

3 Pflanzen brauchen nicht nur Wasser, sondern auch Licht.
Mit welchem Experiment könnt ihr das nachweisen?

Die Superkraft der Pflanzen

1 Lesebuch Seite 57 Lies die Überschrift und betrachte die Bilder. Lies danach den Text.

2 Welche besondere Fähigkeit haben Pflanzen? Kreuze an.

Pflanzen

- ☐ können ohne Nahrung leben.
- ☐ wachsen ihr ganzes Leben lang.

3 Warum brauchen Pflanzen Licht? Schreibe die Antwort richtig auf.

brauchen | zu erzeugen. | Pflanzen | Licht, | Nährstoffe | um

4 Eine Schnecke hat Blätter einer Pflanze gefressen.
Was passiert mit der Pflanze?

5 Eine Pflanze steht für längere Zeit in einem Zimmer ohne Licht.
Vermute, was passiert.

Hallo, wir sind auf Sendung!

1 Lesebuch Seite 59 Lies die Überschrift. Sieh dir das Bild im Lesebuch an.
Worum geht es in dem Text? Schreibe deine Vermutung auf.

2 Lesebuch Seite 59 Lies den Text oder lass ihn dir vorlesen.
Stimmt deine Vermutung? Kreuze an.

☐ ja ☐ nein ☐ zum Teil

3 Beantworte die **W**-Fragen in Stichworten.

Wer stürmt ins Lehrerzimmer?

Was machen die Kinder heute?

Wie oft in der Woche haben sie sich getroffen?

4 Was wurde nicht gesendet? Streiche durch.

Ereignisse der letzten Tage | ein Buchtipp | Hinweis auf die Theaterwoche | die Begrüßung | Erinnerung an den Umwelttag | der Witz der Woche

5 Bereitet eine Schulradiosendung vor. Geht so vor:

1) Überlegt euch, worüber ihr im Schulradio berichten möchtet.
2) Entscheidet, wer was sagt. 1. Kind: Begrüßung, 2. Kind: …
3) Schreibt euren Text auf ein Blatt. Jedes Kind hat ein eigenes Blatt.
4) Übt euren Text.
5) Geht auf Sendung!

Wozu brauchen wir das Internet?

1 Lesebuch Seite 60/61 Lies den Text.

2 Was verbindet das Internet miteinander? Ergänze den Satz.

Das Internet verbindet ______, ______

und ______ auf der ganzen Welt miteinander.

3 Lies die Wörter und schreibe sie auf.

Informationen Bilder Filme Videos

______

4 Kreuze die richtigen Erklärungen an.
Kindersuchmaschinen …

- [ ] helfen Kindern, Informationen zu finden.
- [ ] helfen Eltern, ihre Kinder zu finden.
- [ ] zeigen Internetseiten, die für Kinder geeignet sind.

5 Wähle ein Thema aus: Blauwal, Jonglieren oder Papierflieger.
Suche Informationen zu dem Thema im Internet.
Gib das Suchwort in eine Kindersuchmaschine ein.

Du kannst auch eigene Suchwörter ausprobieren.

______

Hast du nützliche Informationen gefunden? Kreuze an.

- [ ] ja
- [ ] nein
- [ ] Ich weiß es nicht.

Das habe ich gelernt

In deinem Lesebuch hast du unterschiedliche Sachtexte kennengelernt.

Kreuze an, was zutrifft.

- ☐ Ich habe verschiedene Sachtexte gelesen.
- ☐ Ich weiß, was ein Sachtext ist.
- ☐ Ich habe etwas Neues über andere Länder erfahren.
- ☐ Ich habe etwas Neues über Tiere erfahren.
- ☐ Ich habe etwas Neues über Pflanzen erfahren.

Ich habe nach einer Anleitung

☐ gespielt. ☐ gekocht. ☐ experimentiert.

- ☐ Ich kann eine Tabelle lesen.
- ☐ Ich habe in eine Tabelle geschrieben.
- ☐ Ich habe einen Steckbrief gelesen.
- ☐ Ich habe einen Steckbrief geschrieben.
- ☐ Ich weiß, wozu wir das Internet nutzen können.
- ☐ Ich kann mithilfe einer Kindersuchmaschine Informationen im Internet finden.

Dazu habe ich Informationen gesucht:

Hier habe ich die Informationen gefunden:

Diese Informationen habe ich gefunden:

Rotkäppchen ohne Worte

1 Lesebuch Seite 65 Sieh dir die Bilder genau an.

2 Kreise die neun Wörter ein, die zur Geschichte passen.

Katze Wald Mädchen Fahrrad Wolf Blumen Handy

Großmutter Korb Auto singen Schule rot Käppchen Bett

3 Was sagt die Mutter zu Rotkäppchen? Kreuze die drei passenden Sätze an.

Mutter sagt: „Rotkäppchen, du sollst auf dem Weg zur Großmutter …

- ☐ keine Blumen pflücken."
- ☐ mit niemandem sprechen."
- ☐ auf den Spielplatz gehen."
- ☐ eine Freundin treffen."
- ☐ trinken und essen."
- ☐ keine Umwege gehen."

4 Überlegt gemeinsam, wie das Märchen weitergehen kann.
Male zwei passende Bilder.

Der Wolf, der aus dem Buch fiel

1 Lesebuch Seite 66 Lies die erste Seite der Geschichte.

2 Finde das passende Satzende. Kreise den richtigen Buchstaben ein.
Trage die Buchstaben in den Lösungssatz ein.

Das Schaf lässt den Wolf nicht ins Buch, weil

W er zu früh dran ist. **B** er gefährlich ist. **F** er zu spät dran ist.

Die Wölfe versperren ihm den Weg, weil

T sie ihn nicht mögen. **U** die Geschichte erst beginnt.
A die Geschichte zu Ende ist.

Der Dinosaurier schickt den Wolf weg, weil

O er Haare hat. **L** er im falschen Zeitalter ist. **Ü** er ihn ärgert.

Der Wolf landet im ☐ ☐ ☐ D.

3 Lesebuch Seite 67 Lies die zweite Seite der Geschichte.

4 In welchem Märchen ist der Wolf zum Schluss?

Schreibe die Wörter auf, die dir Hinweise geben.
Schreibe dazu, in welcher Zeile du sie gefunden hast.

Die drei Wünsche

1 Verbinde die Wortteile passend. Lies dann das Wort genau. Schreibe es auf.

Holz	-wurst
Dumm	-fäller
Brat	-spitze
Nasen	-kopf

2 Lesebuch Seite 69 Lies das Märchen.

3 Trenne die Wörter und schreibe sie auf.

FEE|MANNFRAUWUNSCHWURSTNASE

4 Finde die sechs Fehler im Bild. Kreise ein.

5 Die Fee kommt zu dir. Welche drei Wünsche hast du? Schreibe auf.

Die Strohhüte im Schnee

1 Verbinde die Sätze und die Bilder passend.

Der Mann flocht Strohhüte.

Vor einem Tempel standen Statuen.

Vor der Tür stand Essen.

2 Lesebuch Seite 70/71 Lies das Märchen oder lass es dir vorlesen.

3 Beantworte die **W**-Fragen. Schreibe ganze Sätze auf.

Wohin ging der Mann?

Er

Wem schenkte der Mann seine Hüte?

4 Streiche in jedem Satz das falsche Wort durch.

Der Mann und die Frau waren reich / arm.
Der Mann kam mit nichts / viel nach Hause.
Vor der Tür standen Schalen / Hüte.
Die Menschen / Statuen hatten ihnen Essen gebracht.

Welches Sprichwort passt zu dem Märchen? Kreuze an.

☐ Alles Gute kommt von oben. ☐ Wer Gutes tut, dem wird Gutes passieren.

Der Fischer und der Dschinn

1 Markiere, was zusammengehört, in derselben Farbe.
Schreibe die Wörter auf.

2 Lesebuch Seite 72/73 Lies das Märchen.

3 Ersetze die falschen Wörter. Schreibe das Märchen richtig auf.

Fang	Krug	Fischer	Dschinn	List	Glück

Ein Bäcker hatte wenig Glück.
Er befreite einen Dschinn
aus einem Eimer. Aber der Kobold
wollte den Fischer töten.
Mit einer Tüte konnte der Fischer
den Dschinn wieder einsperren.
Dann kam das Pech. Der Fischer
machte einen riesigen Sprung.

4 Welche Adjektive passen zum Fischer? Kreise sie blau ein.
Welche Adjektive passen zum Dschinn? Kreise sie rot ein.

wütend bescheiden klug dumm
böse ängstlich angeberisch froh

Das habe ich gelernt

In deinem Lesebuch hast du Märchen aus aller Welt kennengelernt.

Kreuze an, was zutrifft.

- [ ] Ich habe verschiedene Märchen gelesen.
- [ ] Ich habe ein Märchen aus einem anderen Land kennengelernt.
- [ ] Ich habe ein Märchen mit einem Tier gelesen.
- [ ] Ich habe ein Märchen mit einem fantastischen Wesen gelesen.
- [ ] Ich weiß, wie Märchen oft beginnen: ____________________

Welches Märchen aus dem Lesebuch hat dir besonders gut gefallen?
Schreibe den Titel des Märchens auf.

____

Wer hat das Märchen aufgeschrieben?
Oder aus welchem Land kommt es?

____

Kennst du noch ein anderes Märchen, das nicht im Lesebuch steht?
Wie heißt es?

____

Bringe das Märchen in die Schule mit.
Zeige es deiner Klasse.

Totti

1 Lesebuch Seite 78 Lies das Spielstück oder lass es dir vorlesen.

2 Wer ist Totti? Schreibe auf.

3 Wer sagt was? Verbinde.

4 Verteilt die Rollen: Pekka, Mutter, Vater.
Lest den Text gemeinsam. Achtet beim Lesen auf die Satzzeichen und die richtige Betonung. Tauscht die Rollen und lest den Text noch einmal.
Tipps: ! Ausruf: Die Stimme ist laut, klar und deutlich.
? Frage: Die Stimme geht am Ende hoch.
. Aussage: Die Stimme geht am Ende runter.

5 Wie kann die Geschichte weitergehen? Schreibe auf.

6 Lies deine Fortsetzung der Geschichte vor.

Vater und Sohn

1 Lesebuch Seite 79 Betrachte die Bilder und lies den Text.

2 Womit spielt der Sohn am liebsten? Schreibe auf.

3 Was möchte der Vater? Kreuze alle richtigen Antworten an.

Der Vater möchte, …

- [ ] dass der Sohn drinnen spielt.
- [ ] dass der Sohn draußen spielt.
- [ ] dass der Sohn draußen mit dem Fußball spielt.
- [ ] dass der Sohn draußen mit dem Computer spielt.

4 Hat der Sohn getan, was der Vater wollte? Kreuze an und erkläre.

- [ ] ja
- [ ] nein

5 Verteilt die Rollen und spielt die Geschichte. Tauscht danach die Rollen.

6 Denkt euch aus, was der Vater sagt, als er den Sohn draußen sieht. Spielt die Geschichte weiter.

Stern von Bethlehem

1 Welche Sterne gibt es nicht? Streiche in jeder Zeile das falsche Wort durch.

Zimtstern Friedensstern Strohstern Glitzerstern Ballstern Sternchen

Sternschnuppe Sheriffstern Sternsäge Sternzeichen Sternfrucht

Sternhund Sternwarte Abendstern Sternsinger Seestern Weihnachtsstern

2 Lesebuch Seite 82/83 Lies das Spielstück.

3 Markiere in 1 alle Sterne, die sich für die Rolle als Stern von Bethlehem bewerben.

4 Markiere den Stern und seinen Satz in derselben Farbe.

Seestern *(gelangweilt)*:	„Ich sorge für Recht und Ordnung am Himmel!“
Sheriffstern *(laut, kraftvoll)*:	„Im Meer herumplanschen ist langweilig.“
Zimtstern *(schmatzend)*:	„Ich bin sowieso die Schönste.“
Sternschnuppe *(angeberisch)*:	„Es geht um ein Zeichen für den Frieden.“
Friedensstern *(nachdenklich)*:	„Ich selbst kriege nie genug von mir!“

5 Spielt das Stück.

1) Verteilt die Stern-Rollen.
2) Überlegt euch, wie euer Stern aussieht, und malt ihn auf.
   Ihr könnt euren Stern in den Händen halten oder am Pulli befestigen.
3) Übt eure Rolle.
   Beachtet dabei, wie der Stern sich verhält und wie er spricht.
4) Führt das Stück auf.

Der Streik der Farben

1 Lesebuch Seite 84/85 Lies den Text und die Briefe.

2 Welche Farbe malt was? Schreibe zu jeder Farbe zwei Dinge auf.

3 Suche die Antworten auf die **W**-Fragen im Text und schreibe sie auf.

Welcher Farbstift glaubt, dass er viel härter als die anderen arbeiten muss?

Warum schreibt GRÜN, obwohl sie glücklich ist?

Welche ist Duncans Lieblingsfarbe?

Wieso ärgert sich PINK?

4 Stell dir vor, du bist GELB oder ORANGE.
Schreibe einen Brief an Duncan und male dazu.

Das habe ich gelernt

In deinem Lesebuch hast du
unterschiedliche Spielstücke kennengelernt.

Kreuze an, was zutrifft.

- ☐ Ich habe verschiedene Spielstücke gelesen.
- ☐ Ich weiß, was eine Rolle ist.
- ☐ Ich habe eine Rolle in einem Spielstück laut gelesen.
- ☐ Ich habe bei einer Aufführung mitgespielt.
- ☐ Ich habe mir vorgestellt, wie die Figur aussieht und spricht.
- ☐ Ich habe mich für eine Rolle verkleidet.
- ☐ Ich habe eine Figur gebastelt.
- ☐ Ich habe eine Aufführung gesehen.

Welcher Satz gefiel dir in einem der Spielstücke
besonders gut? Schreibe diesen Satz auf.

Diese Rolle möchte ich gerne einmal spielen

Ich als

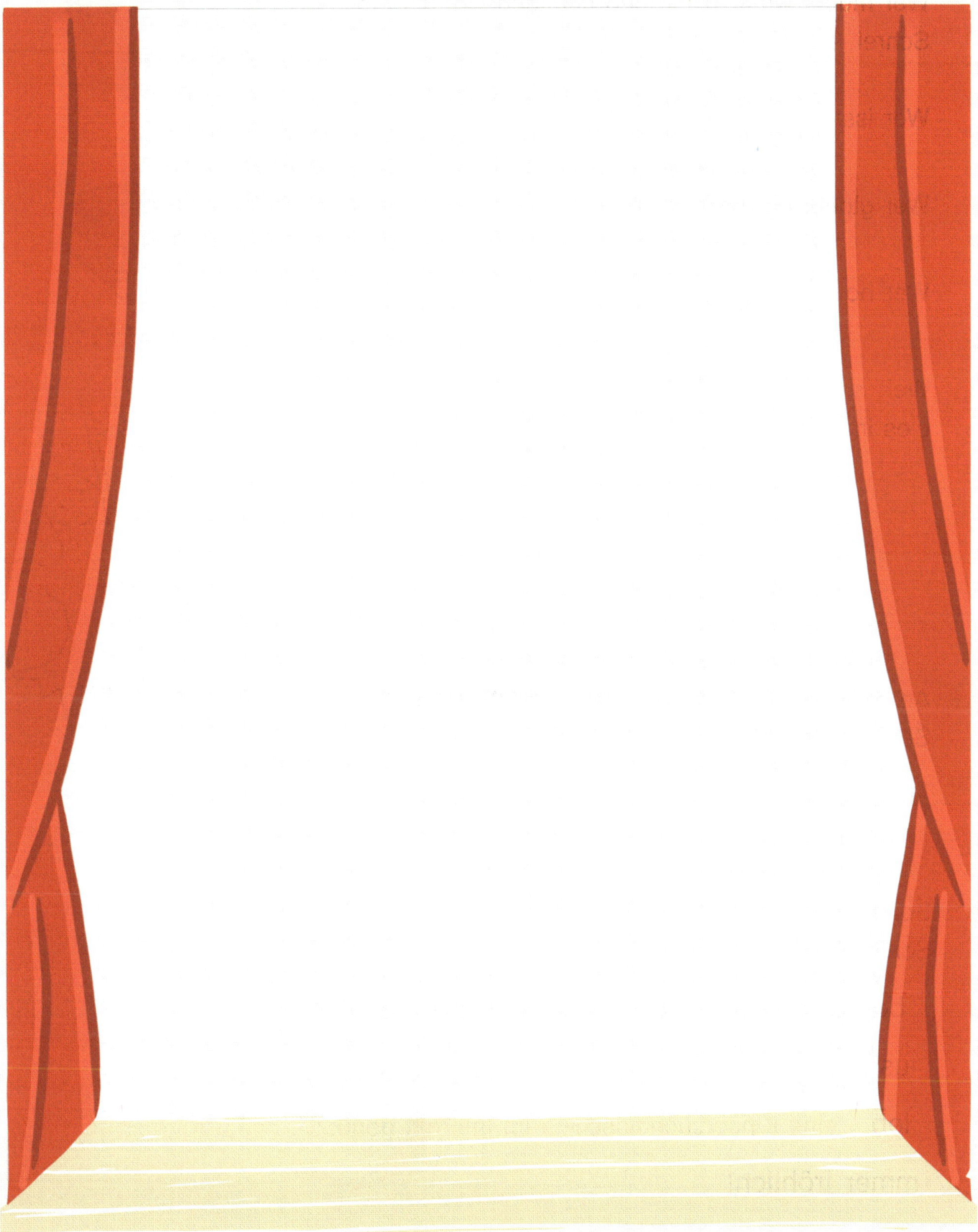

Ollis Medien-Check

1. Ich kenne verschiedene Medien.

Diese Medien kenne ich.

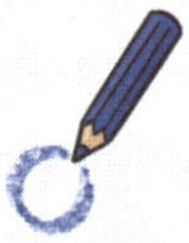

Diese Medien habe ich schon benutzt.

2. Ich finde, was ich wissen will.

Ich habe schon einmal

- [ ] in einem Lexikon etwas nachgeschlagen.
- [ ] in einer Bibliothek ein Buch ausgeliehen.
- [ ] eine Kindersuchmaschine im Internet genutzt.

3. Ich setze mich mit anderen in Verbindung.

Ich kann

☐ telefonieren.

☐ eine E-Mail schreiben. (Ein Erwachsener kann helfen.)

4. Ich präsentiere meine Ergebnisse.

Ich habe

☐ Informationen auf einem Plakat vorgestellt.

☐ Geräusche aufgenommen und die Aufnahme abgespielt.

☐ mit anderen Kindern einen Beitrag fürs Schulradio gesendet.

5. Ich denke darüber nach, wofür ich Medien nutze.

Ich nutze Medien

- zum Lernen.
- zum Erleben von Geschichten.
- zum Informieren.
- zum Spielen.
- zum Musikhören.

Bücher	○	○	○	○	○
Fernseher	○	○	○	○	○
Hörbücher	○	○	○	○	○
Computer	○	○	○	○	○
Radio	○	○	○	○	○
Smartphone	○	○	○	○	○

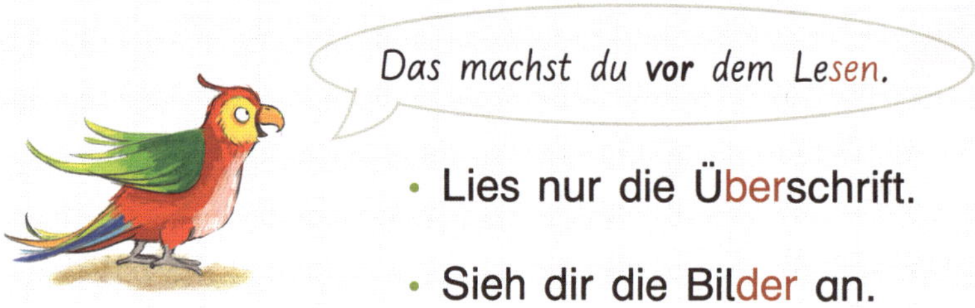

- Lies nur die Überschrift.
- Sieh dir die Bilder an.
- Vermute: Worum geht es in dem Text?

  Weißt du schon etwas über das Thema?

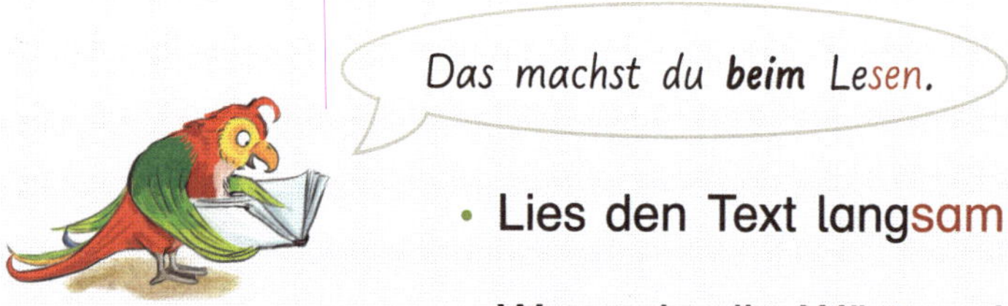

- Lies den Text langsam und genau.
- Wenn du die Wörter nicht kennst:

  Lies die Textstelle noch einmal.

  Sieh dir die Bilder noch einmal an.

  Frage jemanden.
- Stelle W-Fragen an den Text: Wer? Was? Wie?

  Beantworte die W-Fragen.

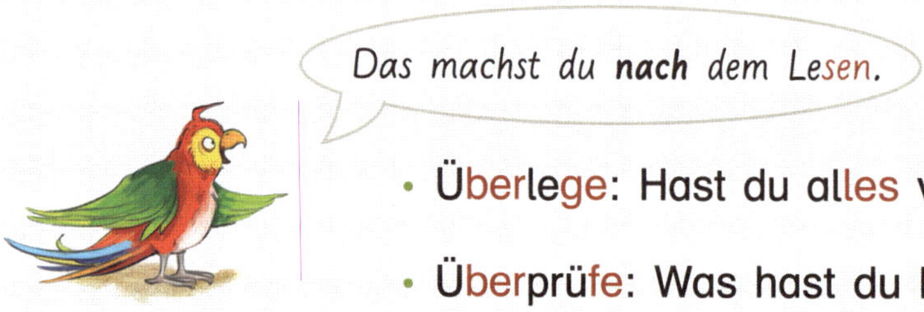

- Überlege: Hast du alles verstanden?
- Überprüfe: Was hast du Neues erfahren?
- Vergleiche: Waren deine Vermutungen richtig?